JONGLEURS

ET

TROUBADOURS

DU GÉVAUDAN

JULES BARBOT

MENDE

IMPRIMERIE TYPOGRAPHIQUE AUGUSTE PRIVAT

5, Rue Basse, 5

—

1899

Jongleurs et Troubadours

GÉVAUDANAIS

Plus souvent gueux que riches, ayant pour toute fortune leurs quelques chansons, ils s'en allaient de château en château, au bon vieux temps où à la place des ruines qui jalonnent nos monts, flottaient au-dessus des forteresses et des manoirs les bannières des puissants barons et seigneurs disparus depuis longtemps. La herse du castel se levait dès que la trompe du héraut signalait au loin l'approche de quelque poète errant suivi de son jongleur et apportant avec les nouvelles du royaume la gaîté de ses chansons. Attendu comme un messager, maîtres et valets saluaient et acclamaient le chanteur dont la présence allait dissiper pendant quelques heures la tristesse tombant des sombres plafonds et des vieilles murailles.

Avec lui c'était le retour du printemps et de la joie : les festins et les fêtes commençaient en son honneur. . Et quand dans la vaste salle magnifiquement parée le troubadour chantait à la louange de son Roi et de sa Dame, quand il égrenait ses refrains de guerre ou ses hymnes d'amour, faisant gémir sa viole ou vibrer sa mandore, aux accents de sa voix mélodieuse et caressante, plus d'une dame se pâmait en écoutant le magique chanteur réveillant les échos endormis sous les voûtes.....

Et lorsque le mendiant d'amour, acclamé et chargé de présents quittait à regret les maîtres du castel, une fois la herse retombée derrière lui, plus loin que leurs yeux, les pensées de mainte soubrette et de sa Dame accompagnaient le poète errant sous les étoiles....,

Le Gévaudan eut autrefois ses poètes, jongleurs et troubadours : les noms de quelques uns d'entre eux sont parvenus jusqu'à nous, mais d'autres dont l'origine est incertaine — faute de documents — mériteraient de prendre place à côté des noms connus de Garin d'Apcher, de Guillaume Adhémar et de Perdigon.

L'histoire littéraire de la France a conservé quelques noms et de plusieurs recherches faites dans différentes bibliothèques dans le but d'agrandir la pléïade de nos vieux poètes gévaudanais, voici tout ce qu'il nous a été permis d'apprendre.

Deux femmes poètes *Azalais d'Anduze* et *Clara d'Anduze*, parentes toutes deux se firent connaître par leurs amours romanesques ; la première avec le chevalier Hugues de St-Cyr et la seconde avec le troubadour Pons de Chapteuil (1). Guillaume d'Anduze, également troubadour appartenait à cette même famille. Une autre troubadouresse, *Azalaïs d'Altier* eut son genre de célébrité en ce temps là.

____

(1) Raynouard II, p. 187.

Un certain *Guillaume de Balaun* eut aussi des aventures amoureuses avec une belle dame de Javiac, en Gévaudan (1), ainsi que *Peirols* avec la femme de Béraud de Mercœur, parent de *Bertrande de Mercœur*, autre femme poète (2).

Quant à ceux dont les noms suivent, leurs œuvres sont aussi contestées que vagues leurs biographies : il y aurait autant de mérite que d'intérêt à les tirer de l'oubli. Ce sont *Hugues de Lescure* et *Bernard Sicart*, de Marvejols (3) ; *Guérin du Tournel*, évèque de Senlis (4) et *Aldebert du Tournel* (5) ; *Pons de la Garde* et *Arnaud de Maruelh* ou Marveil et enfin *Pierre de Barjac* (6.

A de plus érudits de nous faire connaître ces derniers. Le but de ce travail a été de donner une biographie aussi complète que possible de nos plus illustres troubadours (7) et de réunir leurs œuvres ou des fragments publiés et disséminés dans les nombreux ouvrages intéressant les poètes provençaux : l'originalité du texte et l'idiome du vieux temps ont été conservés, mais nous regretterons toujours de n'avoir pu en donner une bonne traduction française complète.

J. B.

------

(1) Rochegude, p. 30. — Hist. Litt. XV, p. 447.

(2) Fauriel II, p. 117.

(3) Raynouard IV, p. 191. — Hist. Litt. XVII, p. 590.

(4) Hist. Litt. XVIII, p. 33.

(5) Hist. Lit. XIV, p. 623.

(6) Fauriel I, p. 545. — Raynouard II p. 39. — Hist. Lit. XV, p. 447. — Rochegude, p. 30.

(7) Voir : Ignon. Notices biographiques. Mémoires de la Société d'Agriculture. An. 1832-33.

F. Remize. Les Troubadours du Gévaudan. Lozère Pittoresque. Juillet 1897.

Guillaume Adhémar

(Dans quelques manuscrits appelé Azémar)

Guillaume Adhémar naquit au château de Marveys ou Marveil (1) en Gévaudan. Il était fils d'un chevalier qui n'était ni riche ni puissant. On croit que ce chevalier se nommait Gérard, et que ce fut à lui que l'empereur Frédéric Ier donna en fief le château de Grézignan ou Grignan. C'est de cette maison qu'était le marquis de Grignan, qui épousa Mademoiselle de Sévigné, On sait combien Madame de Sévigné était fière des Adhémars.

Guillaume acquit pas ses talents (2), par la délicatesse et l'enjouement de son esprit, les bonnes grâces

---

(1) L'abbé Millot croit que c'est *Marvejols*. Dans un des manuscrits contenant quelques notes biographiques, on lit « Merueis ».

(2) Au chapitre IV du Triomphe d'amour, *Pétrarque*, dans ses vers à la louange des poètes provençaux, dit ceci :

.....................................quel Guillelmo

Che per cantar, ha il fior de soi di scemo........

de Frédéric, bienfaiteur de son père. Il se mit ensuite au service du Comte de Provence (1), qui l'arma chevalier. Il fut brave soldat et bon poëte. L'objet de ses amours fut une comtesse de Die, différente de celle qui aima Rambaud d'Orange, mais qui joignait comme elle à ses autres belles qualités le don de la poèsie. Elle composait des chansons dont son amant était si fier qu'il les portait ordinairement avec lui. Il les chantait, sans en nommer l'auteur, dans les plus brillantes réunions de dames et de chevaliers. Enfin, il était si passionnément amoureux d'elle, qu'ayant appris qu'on parlait de la marier au comte d'Embrun, la douleur qu'il en conçut le conduisit au tombeau.

Etant tombé malade, à son château de Grignan, la comtesse qui l'aimait, l'alla visiter avec sa mère. Le troubadour violemment ému par sa présence, prit sa main, qu'elle lui présenta, la baisa en soupirant et expira. On place sa mort en 1198. La mère eut soin de lui faire élever un superbe mausolée, sur lequel elle fit graver des vers héroïques à sa louange. La fille fut tellement frappée de cette mort. qu'elle ne voulut point se marier. Elle se fit religieuse à St-Honorat de Tarascon, où elle mourut de chagrin peu d'années après.

L'abbé Millot est tombé dans une erreur au sujet de Guill. Adhémar, en voulant en redresser une de Nostradamus : « Trompé, dit-il, par le nom d'Adhémar, Nostradamus conjectureque ce troubadour, était fils de Gérard Adhémar, etc... Il était certainement contemporain du moine de Montaudon, qui parle de

---

(1) Sans doute Alphonse I··

lui, dans sa satire (1) comme d'un homme qu'il a connu et fréquenté ; ce moine florissait à la fin du XIIIe siècle ; ainsi l'on ne peut douter de la méprise de Nostradamus ». (Or Montaudon est du XIIe : irréflexion de Millot et preuve que Nostradamus n'est pas de bonne foi.)

Rien de ce que raconte Nostradamus ne se trouve d'accord avec les manuscrits provençaux. Tout ce qu'ils disent de Guill. Adhémar, c'est qu'étant sorti secrètement dans sa jeunesse du château de Marveil, où il était né, et dont le Seigneur l'avait fait chevalier, sa pauvreté l'empêcha de soutenir cette noble profession ; qu'il prit celle de jongleur ; qu'ayant composé beaucoup de chansons, il eut dans le monde de très grands succès ; et qu'enfin après avoir longtemps vécu de cette sorte, il entra dans l'ordre monastique de Grammont, où il mourut.

Qu'oiqu'il en soit, on dit que, outre ses chansons, il avait fait en rimes provençales, *Lou Cathalog de las donnas illustras,* qu'il dédia à l'Impératrice (sans doute, Béatrice de Bourgogne, mariée en 1156 et morte en 1185) femme de Frédéric Ier. Il avait aussi

---

(1) Dans une sirvente du *Moine de Montaudon* où il énumère divers troubadours, on trouve :

« E'l seizes Guilems Azemars,
« C'anc no fo pus malvatz joglars ;
« Et a pres manh vielh vestimen,
« E'fai de tal loc sos chantars
« Don non es a sos trenta pars ;
« E vey l'ades praubr'e sufren.

Raynouaud IV. p. 370.

inventé un jeu, où l'on se parlait à l'oreille « pour don-
ner, dit Nostradamus, commodité aux amoureux de
découvrir leur amour, sans soupçon des assistants ».
La Croix du Maine lui attribue plusieurs comé-
dies non imprimées, écrites en langage provençal ;
mais on sait ce que pouvaient être les comédies de ce
temps là (1).

---

(1) Hist. Litt. Tome XIV. 1817, p. 567.
    Nostradamus,   45.
    Crescembeni,   28.
    Bastero,   85.
    Hist. Gén. du Langued. II. p. 520.
    Millot II, p. 497.
    Parn. Occit. p. 258.
    Raynouard IV, p. 178 cite le début d'une de ses pièces :
c'est une comparaison.

> L'aigua pueiro contra mon
> Ab fum, ab niul et ab ven,
> Et, on pus aut es, dissen ;
> Eisamen puei a valors
> Ab ben fag et ab honors,
> E cant es aut, deysendria
> Si l'bes no la sostenia.
>
> > L'aigua pueia.

I

El temps d'estiu quan par la flors el bruelh.
E son braidin li auzelhet d'erguelh,
Ai pessamen damor que m dezacuelh,
Que nulha re tan, no dezir ni vuelh.
    Ai ! douss' amia,
  Mala us viron ney huelh,
  Si chauzimens no m guia.

Veiaire m'es qu'ieu no sui selh que suelh,
Si m'a sospris us grans mals don mi duelh,
Don ieu murrai, si la dolor no m tuelh
Ab un dous bais dins cambra o sotz fuelh.
    Ai ! douss'amia,
  Mala us viron mey huelh,
  Si chauzimens no m guia.

Membre us, domna, quan me detz senhoriu,
De vos servir m'autrei tan cum ieu viu ;
Tortz es si us prec, qu'anc ren no vos forfiu ;
Ja no m poscan dan taner enemin.
    Ai ! douss' amia
  Qu'a son coral amiu
  Non deu hom far guandia.

Neguna res non es tan fort esquiu
Cum es d'amar lauzenjador braidiu
Qu'aya poder que menta so que pliu,
Mas fos verais e tengues so que diu.
    Ai ! douss' amia
  Qu'a son coral amiu
  Non deu hom far guandia.

Jeu ai ja vist home que conoys fort,
Et a legit nigromausi'e sort,
Trahit per femn' a peccat et a tort ;
Et ieu lasset no m'en tenc per estort.
        Ai ! douss' amia,
    Guidatz me a bon port ;
    Si dieus vos benezia.

Jamais no vuelh chant ni ris ni deport
S'eras no m fai la belh' ab si acort ;
Pres n'ai lo mal don cug qu'aurai la mort,
Si'n breu de temps no fai de que m cofort.
        Ai ! douss'amia,
    Guidatz me a bon port ;
    Si diéus vos benezia.   (1)

II

S'ieu conogues que m fos enans
Vas l'amor mi dons vers ni sos,
Mout en fora plus volentos
De far que non es mos talans :
E pero no m'en vuelh gequir,
Ans am mais en perdo chantar
De lieys, qu'antr amor conquistar.   (2)

---

(1) Raynouard, t. III, p 192.
   Poèsie également citée par Rochegude (avec quelques variantes dans l'orthographe) dans Parnasse Occitanien. Toulouse 1819, p. 258.

(2) Traduct. — Si j'étais assuré que mes vers et mes chants sussent attendrir le cœur de madame, je les composerais avec plus d'ardeur que je ne fais : pourtant je ne cesserai de la célébrer ; j'aime mieux chanter pour elle sans espoir de récompense, que chanter pour une autre, dussé-je obtenir son amour.) Raynouard II, p. 19.

D'aquesta sui fizels amans,
E no 'l serai fals ni ginhos ;
Quar non estai de cel en jos
Negun'ab belhazors semblans,
A cui dieus donet lo chauzir
Del mon, per que 'l fai leu triar ;
Lieys prec e tot l'als lays estar.

Ben say que ja non er mos dans,
Quar l'am mais d'autra re qu'anc fos ;
Qu'elha es tan ensenhada e pros
Que del tot m'er guazardonans ;
E ' l guazardo non puesc falhir,
Quar ab na ris me pot payar,.
S'ieu n'era estatz pres oltra mar.   (1)

Q'us paucs de ben m'es de lieys grans,
Quan l'en ai, mont en sui joyos ;
E greus treballs e perilhos
Quan m'en ve, ges no m sembl'afans ;
Doncx, qu'on o sai ? quar o aug dir ;
Amicx ai que m volon jurar
Que pen' aisso que leu me par.

Tant es cortez ' e benestans,
E riqu'e de belhas faissos,
Qu'ieu n'ay estat mout cossiros
Loncs temps, e mos cors sospirans ;
Quar ja de lieys non pot mentir
Nuls hom que la vuelha lauzar
Ni ver dir, si la vol blasmar.   (2)

____

(1) Traduct. — Je suis bien assuré que je ne perdrai pas toutes mes peines, tous mes soins. J'ai pour elle un attachement si tendre, si sincère ; elle est si équitable, si généreuse, qu'elle m'accordera enfin une juste récompense ; et cette récompense ne peut me manquer. Oh ! si dans l'espoir de lui plaire, affrontant les périls des flots et les combats, j'avais subi l'esclavage d'outre mer, elle s'acqutterait largement envers moi avec un seul de ses sourires enchanteurs. — Raynouard II. p. 14.

(2) Traduct.— Ma dame est si aimable, si gracieuse ; elle a des manières si nobles et si délicates, que depuis longtemps elle est l'objet des pensées de mon esprit et celui des affections de mon cœur ; Oui, elle est tellement parfaite, que celui qui en ferait l'éloge le plus exagéré ne saurait mentir, et que celui qui oserait se permettre le plus léger blâme, ne pourrait dire vrai. » Raynouard. II. p. 25.

Quoras qu'ieu fos grieus ni pezans,
Ni abruzitz, ni nualhos,
Eras suy bautz e delechos,
E vau ves lieys far sos comans :
E si' lha me vol obezir,
No m lays Dieus de lieys tan lonhar
Que no m trobe ses trop sercar.

Per lieys m'en perdra 'l reys Ferrans
E las cortz e'ls dos e'ls baros,
Non per aver, ni per mancos,
Ni per cavalho, ni per bezans ;
Que res tan cum lieys non dezir ;
E no m pot nulhs hom estancar,
Si no m fai penre o liar.

E prec mi dons, al vers fenir,
Cui sui hom per vendr'e per dar
Que pes d'En Guillem Ademar.   (1)

III

Non pot esser suffert ni atendut
Qu'ades non chan, pus estius vey tornat,
E li vergier cum si eron canut
Pareysson blanc, e verdeyon li prat.
Adoucx m'a si conquistat un amors,
Sol per respieg d'un covinen que m fe ;
Guardatz que feira s'agues del fag re,
Qu'a penas denh'ab antr' aver solatz.

------

(1) Raynouard. Choix des Poésies des Troubadours. T. III p. 193. 1818. Paris.

Al sieu ops m'a de bon cor retengut
Selha que m'a per amic conquistat ;
Qu'assatz m'a mielho en breu temps conogut
Que tals on ai lonc termini ponhat ;
Q'us reproviers me ditz dels ancessors :
Qui temps espera e no fai quan temps ve,
S'el temps li falh, ben estai e cove ;
Que loncs espers a manhs plagz destorbatz.

Ab aisso m'a joy e deport rendut,
E mon saber tenc éndreg meluyrat :
Qu'en aquest mot cug aver entendut,
Que m vol en breu far ric de s'amistat.
Aisso conosc ben dels lauzenjadors
Quan mi cugeron far mal, m'an fait be,
E grazisc lor de la mala merce,
Quar suy de lieys estortz et exapatz.

Anc non auzis son per plag avengut
Ad home viu, amiatz cum es anat :
Qu'a doble m'an miey enemic valgut
Que no feiron, si m'aguesson amat :
E fon ancmais en aissi valedors,
Qu'ieu lor vuelh mal de mort, et ilh a me ;
Pero trag m 'an de tal loc on jasse
Suffrira afan, e fora perilhatz.

Eras ai ieu a bon port de salut
Fe qu'ieu vos dei, mon navei aribat,
Et ai lo plom a l'estanh recrezut,
E per fin aur mon argent cambiat ;
Qu'autreiat m'a una de las gensors
Donas del mon, e ges no m dessove
Que m don s'amor, e d'un baizar m'estre ;
Et es tant pros q'us reys en for' honratz.

E per aisso tenc me per ereubut;
E non envei el non nulh home nat,
Si m vol mi dons tener vestit o nut,
Baisan lonc se, en luec de mollerat :
Anc no fon fag al mieu par tals honors
Cum er a mi, s'en aissi s'esdeve ;
Qu'el sieu cors blanc, gras e chauzït e le
Remir baizan, ni m tenc entre mos bratz.

Si 'l reys N Amfos cui dopton li Masmut,
E'l mielher coms de la crestiantat
Mandesson ost, pus be son remazut,
Al nom de Dieu farian gran bontat,
Sobr' els Paians Sarrazins trahidors ;
Ab que l'us d'els menes ensems ab se
Marit gelos qu'inclau e sera e te,
Non an peccat non lur fos perdonatz.   (1)

Jeu remanrai e non irai alhors,
Ni vivarai vas autra part mon fre ;
E ja negus no m demande per que,
Quar ja per ellis non serai descelatz.   (2)

---

(1) Traduct. — Si le Roi Alphonse, redouté par les Mahométans ; si les puissants princes de la chrétienté assemblaient une armée contre le paganisme des traitres sarrazins, ils serviraient utilement la cause de Dieu ; et pourvu que l'un d'eux amenât avec soi certain mari jaloux qui tient sa femme enfermée sous clef, il n'est sorte de péché qui ne leur fût pardonné. — Raynouard II. p. 89.

(2) Raynouard. T. III. p. 196.

Sirvente

Ieu ai ja vista manhta rey
Don anc no fis semblan que vis,
Et ai ab tal joguat e ris
Don anc guaire no m' azautey ;
Et ai servit a manht hom pro
Don anc no cobrey guazardo ;
Et a manh nesci, ab fol parlar,
Ai ja vist trop ben son pro far.

Et ai ja vist per avol drut
A domna 'l marit dezamar,
Et a manh nesci acaptar
Plus qu'a un franc apercenbut,
E per domnas ai ja vist ieu
A manht hom despendre lo sieu ;
Et ai ne vist amat ses dar,
E mal volgut abmolt donar.

Ieu ai vist domas demandar
Ab plazers et ab honramens,
Pueys venia us desconoyssens
Abrivatz de nesci parlar
Qu'en avia la mielher part.
Esguardatz si son de mal art !
Manthas n'i a qu'els plus savays
Acuelhon miellis en totz lurs plays.

Ieu ai vist en domnas ponhar
D'ensenhatz e de ben apres,
E'l nescis avinen nemes
Qu'el plus savis ab gen preyar ;
Et ai vist nozer chauzimens
A trops valer ab trichamens,
Per que val mais, a mos entens,
En luec fondatz que sobriers sens.

A domn' ai vist hom encolpar
De so que no meria mal,
E que so laissavon de tal
On se pogron a dreg clamar ;
Et ai ja tal ren esguardat
On n'er en ren mon cor virat,
Per que m'an fait mos rics volers
Manthas vetz dons e desplazers.   (1)

Garin d'Apchier

C'était un chevalier d'une maison très noble et très ancienne du Gevaudan, vaillant et bon guerrier (2), dit-on ; mais il ne reste aucun mémoire de ses faits d'armes et de chevalerie ; galant et très habile en

---

(1) Raynouard. T. IV. p. 327.

(2) « Garins d'Apchier si fo un gentils castellans de Javaudan, de l'évesquat de Meinde, q'és en la marqua d'Alverne e de Rosergue, e de l'Evesquat del Puoi Santa Maria. Valens fo e bons guerrers, e larcs, e bon trobaire, e bels cavaliers ; e sap d'amor et de domnei, et tot so qu'en era. E fets lo premier *descort* que anc fos fais, lo qual comenset :

Quan foill'e flor reverdis
Et aug lo cant del rossignol. »....»

Cette pièce n'existe plus et Rochegude prétend que celles qui lui sont attribuées ne valent rien.

amour, et l'on ne trouve aucune trace de ses aventures tendres et de ses galanteries ; enfin de quelque célébrité parmi les troubadours du XIIᵉ siècle, sans que ce qui nous reste de ses poésies donne une haute idée de son talent.

On lui attribue l'invention d'une espèce de poésie appelée *descord* ou *descors*. L'abbé Millot cite, pour expliquer ce mot, un manuscrit français et latin de la bibliothèque de Saint-Laurent, à Florence, qui l'interprète d'une certaine diversité et variation dans le chant. C'est un glossaire, manuscrit provençal et latin, qu'il fallait dire, et voici ce que porte ce glossaire : *Discors, Discordes. Discordia. V. Cantilena habens sonos diversos* (1) ; c'est-à-dire une chanson ou un chant, ayant des sons divers ; ce qui ne paraît signifier rien de particulier, attendu que tous les sons des chants possibles sont différents les uns des autres ; mais dans la plupart des chansons provençales, toutes les strophes étaient sur les mêmes rimes que la première. Dans le *descors*, au contraire, chaque couplet ou chaque strophe avait ses rimes différentes de celles des autres, ce que traduit le *habens sonos diversos*.

Garin d'Apchier, le troubadour, car il y eut plusieurs chevaliers de cette maison nommés Garin, florissait sous le comte Raymond V de Toulouse, mais on ignore l'époque précise de sa naissance et de sa mort.

------

(1) Voir Crescembéni. Vol. II de son Hist. de la Poésie-Vulg, édit. de 1730, p. 187.

Les cinq pièces de lui qui se sont conservées sont toutes adressées à son jongleur ; il se nommait *Cominal*, était vieux, voulait faire le galant, et chantait d'une manière ridicule les vers de Garin. Celui-ci en fait des reproches grossiers et qui n'ont rien de piquant (1).

Dans un manuscrit (2) qui contient deux de ses pièces et une courte notice de sa vie, la vignette qui orne cette notice, le représente à cheval, le casque en tète; l'épée d'une main, et tenant de l'autre un bouclier chargé d'un écu d'azur, à la bordure et à trois barres d'or, celle du milieu ondoyée.

(V. Hist. du Languedoc, par D. Vaissette, tome II, p. 520).

Sirvente

Cominal, vielh, flac, playdes,
Paubre d'aver et escas,
Tant faitz malvatz sirventes
Que del respondre sui las ;
E'l vostra cavalaria
Venra tota ad un dia,
Quant er so denan detras,
L'avol bo e'l bo malvas.

---

(1) Hist. Littéraire de la France, tome XIV, 1817, p. 565.
— Bastero. 83.
— Parn Occit. 10.
— Millot, I. 39.
(2) N° 71.225 de la Bible du Roi

Anc un bon mot non fezes,
Non i agues dos malvatz,
Per qu'ie us tolrai vostre ses,
Mon chan ab que us fermiatz ,
Quar chantatz ab vilania ;
E'l comtessa m'en chastia
Que ten Beders e Burlas,
Que ditz que vos rebuzas.

Anc sagramen non tengues
Del tornel, quant l'avias ;
Ni nul temps ver non disses,
Si mentir non cuidavas ;
Et anas queren tot dia
Qu'on se fi, e qui se fia,
Tenetz lo taulier e'ls datz,
E del joc sabetz assatz.

Qu'ie us tolia Vivares,
L'Argentiere e'l Solas,
On lor comtes mausorbes
Mezures vos hom lo vas ;
Que quant Ponstorstz vos payssia,
E Sanh Laurens vos vestia,
Siatz totz paubres e ras,
Que sieus es enquer, si us plas.

Et avetz tant de mal pres
Aras e d'aissi entràs,
Que non sai cum vos tolgues
Si 'l pe no us toli o'l nas
O'ls huelhs, o no us aussizia ;
Si nofos la confrairia
De Chassier e de Carlas,
Ab los pecols anaras (1).

____

(1) Raynouard. T. IV, p. 249.

Sirvente

Mos Cominals fai ben parer
Que si 'l saubes dire ni far
So qu'a mi degues enuiar
Qu'el en faria son poder ,
Mas jovens e poders li falh,
E paubreira e veillors l'assalh ;
Per qu'al guerrier non fai paor ;
E non a amic ni senhor
Que no'l tenha per enueyos,
Mas tan quant ditz nostras tensos.

E s'ieu lo vuelh ben dechazer,
Qu'el vuelha tolre mon chantar,
Ja non er qu'ilh don'a manjar,
Vi 'l vuelha albergar un ser ;
Mas metray lo chan din serralh,
Per qu'el soven trembl' e badalh ;
Que la verchieira de sa sor
Vendet de son gay maint pastor,
Car lai vivia ab sos lairos,
Emblan las fedas et ls moutos.

Anc ab armas non sap valer
Hom meinz, tant sen volgues lauzar ;
Ni als guerriers, mas ab parlar,
No saup hom meinz de dan tener ;
Mas soven mon guerra et assalh
A sels que an croz e sonalh,
Don mil monge dins refeitor
Pregan, ploran, nostre senhor.
Qu'en Ponstortz e'n Sanz Laurens fos,
Si cum es vielhs e sofraitos.

Leialtat sol molt mantener,
E falsetat totz temps blasmar ,
Mas al tornei là i vim laissar,
E del tot metr'en non chaler ;
Pes que ditz lo par de Neralh
Que home que nafre e talh,
E prendra son lige senhor,
Vi qu'el toilla castel ni tor,
No 'l den mantener nulhs homs pros,
Per qu'el no 'l mante ni 'n randos.

Ja nulh marit non cal temer
De lui, ni sa molher gardar,
Ans lo pot laissar domneiar
Et estar ab leys à lezer ;
Que quals qu'el de bois vil entalh,
Deboissar lo pot d'aital talh,
Ses pel, ses carn et ses color
Et ses joven e ses vigor ;
E d'ome qu'es d'aital faysos
Von deu esser maritz gelos (1).

Une de ses pièces se termine par ce couplet :

Eu no m'apel ges Olivier
Ni Rothlan, que qu'el s'en dises,
Mas valer los cre maintas ves,
Quan cossir de bis qn'en enquier ;
E non sai el mon cavalier
Qu'en adoncs no 'l crezes valer ;
Evolria, tal sieu, aver
A partir regisme o empier.

L'autr' ier.

---

(1) Raynouard. — T. IV, p. 260.

Suivent quelques fragments cités par Raynouard. —
IV, p. 155.

On trouve dans un autre :

> Veillz Comunal, plaides....
> E ill malvaz serventes
> Que vos aug far e dir
> Me tornon en azir ;
> E ill vostra janglosia,
> Don vos faiz escarnir.
> Me desplaz chascun dia ;
> Em n'es vos enoios...
> Gals e sems e falcos
> Anc mais auzir que vos

. . . .

> Membrari'us del jornal,
> Quan perdes vostres cuissos
> A Montfort, e messes vos
> Dins en la boissera ;
> Granz esmais
> Vos veng e granz esglais,
> Qu'els draps vos traisses denan ;
> Be us gari deus per semblan
> Car no us torques en carn nuda...
>
> Veillz Comunal.

A titre de curiosité, voici une *Sirvente de Cominal*,
jongleur de Garin et peut-être son compatriote.

Sirvente

> Comtor d'Apchier rebuzat,
> Pos de chan vos es laissat,
> Recrezut vos lays e mat,
> Luenh de tota benanansa,
> Vencut, de guerra sobrat,
> Comtor, mal encompauhat,
> Ab pauc de vi'e de blat,
> Plen d'enuey e de carn ransa

Oisi prenc de vos comjatz,
Pois may de mi no chantatz,
E del vostre vielh barat,
E de vostra vielha pansa,
E del nas tort, mal talhat,
E del veser biaisat,
Que tal vos a dieus tornat
C'anas co escut e lansa.

Be us a breujat lo corril
Monlaur que tenias per vil
Que de may tro qu'en abril
Vos fay estar en balansa ;
Et non aves senhoril,
Tant aut son dur cor apil !
Que ja us trobon en plan mil,
Per que m pren de vos pezansa.

Can vos clavon lo cortil
Sil que us son deus lo capil
E tornat de bran humil,
E tout chant e alegransa ;
E s'anc raubes loc mongil,
Ara us faitz dire a mil
Que dicus e l'orde clergil
Vos a tout pretz et onransa.

Pos de chantar em al som
Aiss'ie us desampar lo nom ;
Tot vostr' argen torn en plom,
E vostr' afar desenansa ;
Vilhet pus blanc d'un colom,
Be us menon de tom en tom,
E no sabetz qui ni com ;
Tart seres mais reis de Fransa (1).

____

(1) Raynouard, tome IV, p. 153.

Perdigon

—

On trouve dans la vie de ce troubadour un singulier exemple des revers qui peuvent atteindre dans les temps de parti l'homme ambitieux et indifférent sur les devoirs de la reconnaissance. Il naquit dans un bourg du Gévaudan nommé l'*Espéron*. Il paraît que son nom était Pierre et que celui de Perdigon était un dimiuutif. Fils d'un pauvre pêcheur qui ne pût lui donner aucune instruction, il se trouva heureusement doué par la nature d'une voix agréable et d'un talent facile pour composer des airs de musique. A une époque où chacun faisait des vers, il en fit aussi et parvint à jouer de plusieurs instruments. Muni de ces talents, qui suffisaient alors pour conduire à la fortune, le jeune Perdigon se livra d'abord à la profession de jongleur, et bientôt après, sentant en lui-même qu'il était poète, il se plaça parmi les troubadours. C'était alors la fin du XIIe siècle, temps où florissaient un grand nombre de poètes du premier ordre en ce genre, et il sût se faire distinguer au milieu de ses habiles concurrents.

Robert, dauphin d'Auvergne, troubadour lui-même, ayant eu occasion de connaître son mérite, l'appela auprès de lui, voulut se l'attacher et le combla de biers. Son affection et sa prodigalité s'étendirent jusqu'à lui donner des terres et enfin jusqu'à l'armer chevalier. Le poète demeura longtemps à la cour de ce prince, et de là lui vint le nom de « Perdigon d'Auvergne », que lui ont quelquefois donné les historiens et qu'on rencontre dans plusieurs manuscrits. (1)

Le goût des voyages lui ayant fait quitter son bienfaiteur, il alla chez Guillaume des Baux, prince d'Orange, troubadour ainsi que le Dauphin d'Auvergne. On voit dans une de ses pièces, qu'il se rendit ensuite à la Cour d'Alphonse II, comte de Provence. Nostradamus (2) veut qu'il se soit marié à Aix avec une demoiselle de la maison de Sabran, nommée Saura. C'est là un conte dénué de toute vraisemblance ; mais ce prétendu mariage contribue à prouver le séjour de Perdigon à Aix, sous le règne d'Alphouse II, et par conséquent avant l'année 1209, époque de la mort de ce prince,

De la cour d'Aix ou de celle d'Orange, Perdigon se rendit auprès de Pierre II, roi d'Aragon. Pierre naturellement magnifique, le combla de présents. Il ne lui donna pas seulement des armes, des chevaux, de riches habillements, objets que les grands offraient le plus communément aux troubadours, mais il paraît qu'il lui fit des dons encore plus considérables : *lo qual lo vestie*, dit le biographe, *e'l dava sos dos*. Tant de témoignages d'intérêt ne purent attacher sin-

____

(1) Crescembeni, Della volgar poésia, t. II, p. 86.
(2) Nostrad.: Vie des poètes prov. p. 124.

cèrement le poëte à ce prince, « Parmi les troubadours, dit Dom Vaissette (1), un de ceux qui eurent le plus de part à sa faveur, fut un nommé Perdigon, qui le paya d'ingratitude ».

La croisade contre les Albigeois étant survenue, il se lia avec Folquet, alors évêque de Toulouse, et se jeta avec lui dans le parti des croisés. Après la bataille de Muret, où, comme on sait, Pierre II (son bienfaiteur), fut tué, il composa une sirvente pour remercier Dieu de cet évènement : *En fetz lauzors a Dieu, cur los Frances avian mort e descofit lo rei d'Arago.* Aussitôt après, il alla à Rome avec Folquet, le prince d'Orange et l'abbé de Citeaux, pour solliciter de nouveaux secours, et pour parvenir, ajoute l'historien, à la ruine entière de Raimond : *E per adordenar crozada, e per deseretar lo bon comté Raimon.* En même temps, dit encore le biographe, il prêchait en chantant au sujet des évènements publics, et faisait lever des croisés : *E a totz aquest faits fai son Perdigos, e'n fes prezicauza en cantan, per que se crozeron.* Ce mot de prêcher en chantant sera sans doute remarqué. Il nous montre la chanson dans toute sa puissance, au milieu des troubles et des malheurs publics ; le troubadour devient par ses chants un des apôtres de la guerre et de la paix.

Cette conduite indigna les anciens amis de Perdigon. Malgré les victoires de Montfort, l'esprit général du Languedoc protégeait la mémoire de Pierre II et défendait les intérêts du comte Raimon. Le troubadour, totalement déconsidéré dans l'opinion publique,

---

(1) D. Vaissette, t. III, p. 354.

perdit, suivant l'expression du biographe, ses amis, ses amies, sa réputation, son honneur, sa fortune : *Perdet los amics et las amigas, el pretz, e l'honor e l'aver*. Aucune des personnes échappées aux massacres ne voulut le voir ni l'entendre : *Tug silh que remazan vieu negus no'l vogran vezer ni auzir*. Le dauphin d'Auvergne lui retira toutes les terres qu'il lui avait apparemment données en fief. Le fils du pêcheur, dépouillé, redevint aussi pauvre qu'il l'était en commençant sa carrière. Il n'osa plus paraître à aucune cour, ni dans aucune société élégante : *non auzet anar ni venir* ; il cessa de faire des vers que personne n'aurait plus voulu chanter, les sachant de lui. Proscrit, honni, mourant de faim, il n'avait plus pour échapper à l'horreur qu'il inspirait, d'autre moyen que de se jeter dans quelque monastère, en lieu désert ; et cela même ne lui fut pas aisé. En 1218, Montfort et Guillaume ayant été tués, il lui fallut recourir à la pitié d'un seigneur provençal, Lambert de Monteilh, gendre du prince d'Orange. Ce seigneur le fit entrer dans le couvent de Silvabelle, abbaye de l'ordre de Citeaux. Perdigon y prit l'habit de l'ordre et y mourut, on ne sait à quelle époque, sans avoir obtenu le pardon, ni recouvré la bienveillance de personne. « Cette mélancolique destinée du seul troubadour qui eût trempé dans la Croisade contre le Midi fait mieux entendre que nulle autre chose à quel degré les autres furent opposés à cette expédition, qui pour avoir été atroce et sanglante, n'en fut pas moins vaine et honteuse » (1).

------

(1) FAURIEL. — Hist. de la poésie provençale, t. II, p. 214. — Paris, 1846.

Si l'on en croyait Nostradamus, il aurait vécu jusqu'en 1269 ; mais cette assertion est peu vraisemblable, puisqu'il se serait écoulé 56 ans entre la bataille de Muret et sa mort, et que son séjour à Clermont et ses rapports avec Faidit sont bien antérieurs à cet évènement. Il en est de même de l'opinion de cet écrivain, lorsqu'il veut que Perdigon ait composé une histoire des guerres du comte de Provence Raymond Béranger IV ; car il faudrait pour cela qu'il ait vécu à la cour de ce prince, à la fin de son règne, vers l'an 1245, tandis qu'il dût entrer au monastère de Silvebolle, déjà avancé en âge, en 1219.

Les sirventes que Perdigon composa en faveur de la croisade contre les Albigeois, ne se retrouvent plus. Ce sont ses chansons d'amour, sa tenson avec Fâidit, et un hymne à la Vierge, qui peuvent nous faire connaître son talent. Ces pièces sont au nombre de douze environ. M. Raynouard en a publié 5, auxquelles il joint plusieurs fragments. M. de Rochegude en a donné une qui ne fait point partie de celles de M. Raynouard. « C'est, dit ce poëte, avec le chant des oiseaux que commence ma chanson ; je chante quand j'entend le cri de l'aigle et de la grue, quand je vois le lis reverdir dans nos jardins, le bluet reparaître parmi les buissons, et les clairs ruisseaux couler sur le sable, là où sont répandues de blanches fleurs » (1).

---

(1) Pièce commençant par : Ab. Chans d'Auzels...
Mss. de la Bibl. Roy., n° 2701, f° 88 verso, — col. 2.
Mss. dit de Mazanges, ch. 136.
Millot, t. I, p. 428.

Il définit dans la même pièce quelques caractères de l'amour :

<table>
<tr><td>

Ben pauc ama drut que non es gilos,
E pauc ama qui non es adziros,
E pauc ama qui non es folletis,
E pauc ama qui non fay trassios ;
Mais val d'amor cant hom es enveios ;
Un dolz plorar no fan XIV ris.

</td><td>

Aime bien peu l'amant qui n'est jaloux :
   id.   qui n'éprouve pas la haine ;
   id.   qui ne fait des folies ;
   id.   qui ne commet des trahisons ;
Plus vaut l'amour quand l'amant est en-
Un doux pleurer ne valent 14 ris. [vieux

</td></tr>
</table>

Perdigon est de ces troubadours qui aiment les larmes et qui comptent sur la puissance de ce moyen, « Quand à genoux, devant Madame, je lui demande merci, quand elle me reproche mes manquements, et que voyant mes larmes couler sur mon visage, elle me regarde tendrement et me pardonne, c'est pour moi la joie du paradis ». (1) Peintre et poëte, le troubadour s'est pei. t ici lui-même dans son tableau.

> Quant en li quier merce en genoillos,
> Ela mi colpa et mi met ochaisos,
> E l'aiga m cur aval permest lo vis,
> Et ela m fai un regard amoros,
> Et en li bais la bucha e'ls ols ambdos,
> Adonc me par un joi de paradis.

Sa prière à la Vierge est un hymne où, en célébrant les louanges de Marie, il la supplie de lui faire obtenir le pardon de ses péchés : « Leur nombre, dit le poëte, je ne le dis, ni ne le sais ; faites qu'à ma mort, ils ne tournent pas à ma perte.

---

(1) Même pièce.

Qu'els peccatz qu'ieu ay
Fatz, ni ditz, ni say,
No m puescan mal faire,
Quan del segl' irai (1)

Le seul troubadour postérieur à Perdigon et qui se refuse à lui reconnaître quelque talent, est Hugues de Lescure (13ᵉ siècle). Dans une *sirvente* contre les seigneurs de son temps, il s'exprime ainsi :

« ….. Ni n Perdigos de greu sonet bastir ».
Je brave Perdigon s'il s'agit de bâtir un air pesant (2).

<hr>

(1) Hist. litt., t. XVIII. 1835, p. 603.
— Nostrad. 123.
— Bastéro. 90.
— Hist. gén. du Lang., t. III, p. 254.
— Millot, t. I, p. 428.
— Parn. Occit., p. 114.
(2) Raynouard, t. V, p. 220.
Hist. lit., t. XIX, p. 619.

I

Ben ais'l mal e l'afan e'l cossir
Qu'ieu ai sufert longamen per amor,
Quar mil aitans m' en an mais de sabor
Li ben qu' amors mi fai aras sentir,
Quar tan mi fai lo mals lo ben plazer
Que semblans m' es que, si lo mals no fos,
Ja negus bes no fora saboros ;
Doncx es lo mals melhuramen del be
Per q'usquecx fai a grazir quan s'ave. (1)

A fin' amor grazisc lo dous dezir
Que m fai estar en tan fina dousor,
Que non es mals de que m sentis dolor,
Si totz lo mons mi jutjava a murir ;
Et aia m grat merces que m tetz voler
A la bellia de cui fatz mas chansos,
Qu'ieu li m donei, et anc tan no m plac dos ;
Quar qui m dones tot lo mon per jasse
Vo m plagra tant com quan li donei me.

En amador pogra miels avenir,
Tant a de pretz, de sen et de valor,
Qu'ilh s'en dera ab mout mais de ricor ;
Mas als auctors ai ancse auzit dir
Qu'en ben amar em quascus d'un poder ;
Et hom paubres hi fai meillurazos,
Quant es de sen, contra 'l ric cabalos,
Qu'aitan com a meyns de rictat en se,
Tan grazis mais qui l'honra ni 'l mante.

---

[1] Traduct. — Bénis soient les soueis, les chagrins, les maux qu'amour m'a causés pendant si longtemps ! Je leur dois de sentir avec mille fois plus d'ivresse les bienfaits qu'il m'accorde aujourd'hui. Le souvenir de mes peines me rend si doux le bonheur présent, que j'ose croire qu , sans avoir éprouvé l'infortune, on ne peut savourer tout le charme de la félicité. Les maux servent donc ainsi a rendre les biens plus parfaits. Ils y ajoutent un prix que ne connaissent point ceux qui n'ont été qu'heureux.) Raynouard, t. II, p. 22.

E fin' amors no manda ges chauzir
Comte ni rey, duc ni emperador,
Mas fin amic e ses cor trichador,
Franc e leyal, e que s gart de falhir ;
E qui non sap aquestz ayps mantener
Paratge aunis, e si mezeis met jos,
Per qu'en amar non es valens ni bos ;
Qu'en paratge non conosc ieu mais re,
Mas que mais n'a selh que mielhs se capte.

Fis Jois Honratz, pustan vos faitz grazir,
Per amor dieu, aissi doblatz l'onor
Que m retenguatz per leyal preyador,
E no vulhatz escoutar ni auzir
Fals lauzengiers qu'en amor dechazer
Ponhon totz temps, tant son contrarios ;
E vos faitz los morir totz enoios :
Si col pechat estenh hom ab merce,
Estenhetz elhs, quar per elhs no m recre.

Aitan sapchatz, s'ieu ja ren cug valer,
Mo senher Nuc del Baus, qu'es enveios
De tot quan tanh a fin pretz cabalos,
Mi fai cuiar qu'ab tal gaug mi rete,
Cum s'er' ieu pretz qu'elh ama mais que re.

De Monpeslier vai ben a Mon Plazer,
Qu'el senher es francs et humils e bos,
Et en sos faits es d'aital guizerdos
Qu'el honra dieu, et tot bon pretz mante,
Per qu'el lo creis e l'enanssa e'l soste. (1)

---

(1) Raynouard, t. III, p. 345.

II

Aissi cum selh que tem qu'amors l'aucia,
E re non sap on s'esconda ni s guanda,
Met mi meteys en guarda et en comanda
De vos qu'ieu am ses gienh e ses bauzia,
Quar mielher etz del mon e la belaire ;
Et si amors mi fai vas vos atraire,
Si be m folhey, no cug faire folhia.

Qu'aissi m'aven, dona 'l genser que sia,
Q'us deziriers, qu'ins en mon cor s'abranda,
Mi conselha, e m ditz que us serva e us blanda,
E vol que m lais de sercar autra via
Per vos ab cui tug bon ayp an repaire ;
E pus amors no vol que m vir ni m vayre,
Si m' aucizetz, no cug que be us estia.

Essenhamens e pretz e cortezia
Trobon ab vos lur ops e lur vianda,
E non devetz, s'amors no ers es truanda,
Merce lunhar de vostra companhia,
Qu'il us clam merce tot jorn cum fis amaire ;
E si merces ab vos non aque faire,
Ma vida m val trop meyns que si moria.

Pero vers es que per me leujaria
Vielh mais puiar que drechura no manda,
Qu'ieu tenc lo pueg, e lays la plana landa,
E cas lo joy qu'a mi non tanheria,
Qu'amor me ditz, quant ieu m'en vuelh estraire,
Que manthas vetz puei, om de bas afaire,
E conquier mais que dregz no'l cossentria (1).

____

(1) Traduct. — Il est vrai qu'emporté par la témérité de mon amour, j'ose élever mes vœux plus haut qu'il ne serait convenable. J'abandonne la plaine facile et je

Juli Cesar conquis la senhoria
De tot lo mon tan cum ten m' garanda,
Non ges qu'el fos senher ni reys d'Irlanda
Ni coms d'Angieus ni ducx de Normandia,
Ans ton hom bas, segon qu'auzem retraire ;
Mas quar fon pros e francx e de bon aire,
Puget son pretz tan quan puiar podia.

Per que m conort enquer, s'ieu tan vivia,
Qu'aia de vos so que mon cors demanda,
Pus us sols hom ses tor e ses miranda
Conquis lo mon, e l'ac en sa baylia,
Aissy ben dey, segon lo mieu veiaire,
De vostr' amor de dreg estr' emperaire,
Cum el del mon ses dreg que non y avia.

Domna valentz, corteza e de bon aire,
No us pes, s'ieu sui ses gienh e ses cor vaire,
Quar esser deu so qu' amors vol que sia (1).

III

Tot l'an mi ten amors de tal faisso
Cum esta selh qu'a 'l mal don s'adormis,
E morria dormen, tant es conquis,
En breu d'ora éntro qu' hom lo rissida,
Atressi m'es tal dolor demezida
Que m don amors, que sol no sai ni sen,
E cug morir ab aquest marrimen
Tro que m'es fors de far una chanso
Que m rissida d'aquelh turmen on so.

<hr>

cherche la montagne escarpée. J'ambitionne un bonheur qui semble ne m'être
point destiné. Hélas ! lorsque j'essaie de renoncer à mes espérances ambitieuses,
l'amour me dit tout bas que souvent le succès est le prix de l'audace et qu'elle ravit
quelquefois heureusement ce que la justice n'accorderait jamais. — Raynouard,
t. II. p. 83.
  (1) Raynouard, t. III, p. 346.

Be m fetz amors l'usatge del lairo,
Quant encontra selhui d'estranh pahis,
E'l fai creire qu'alhors es sos camis,
Tro que li dis : « Belhs amicx, tu me guida ».
Et en aissi es manta gens trahida
Qu'el mena lai on pueis lo lia e'l pren ;
Et ieu puesc dir atressi veramen
Qu'ieu segui tant amor com li saup bo,
Tan mi menet tro m' ac en sa preizo.

E te m lai pres on no truep rezemso
Mas de ma mort, qu'aissi lor abelhis
Entre mi dons et amor cui sui fis ;
Lor platz ma mortz e lor es abellida,
Mas ieu sui selh qui merce no lor crida,
Aissi cum selh qu'es jutgatz a turmen,
Que sap que pois no ill valria nien
Clamar merce, aia tort o razo,
Per qu'ieu m'en lais que mot non lor en so.

Pero non sai qual me fass'o qual no,
Pus per mon dan m' enguana e m trahis
Amors, vas cui estau totz temps aclis
Al sieu plazer, qu'aitals fo m' escarida ;
E tengr' o tot a paraula grazida,
Si no m mostres tan brau captenemen ;
Mas se aunis pel mieu dechazemen,
Be fai semblan que m' aia 'l cor fello,
Que per mon dan no m tem fai mespreizo.

E fas esfortz, s'ab ira joy mi do,
Quar en aisso m conort e m' afortis
Contra 'l dezir en qu' amors m'a assis,
Aissi cum selh qu'a batalha remida,
Que sap de plan sa razos es delida,
Quant es en cort on hom dreg no 'l cossen,
Et ab tot so se combat eyssamen,
Me combat ieu en cort e no m ten pro,
Que amors m'a forsjugjat no sai quo.   .

Ai ! Bel Esper, pros dompna issernida,
Tan gran dreiz er, si d'amor mal m'en pren,
Quar anc de vos mi parti las ! dolen,
Per tal una que ja no m tenra pro,
Ans m'aucira en sa dolza preiso (1)

IV

Perdigon et Gaucelm Faidit

Tenson.

Perdigons, vostre sen digatz ;
Que us par de dos maritz gelos ?
L'us a moiller qu'es bella e pros,
   Franca, cortesa e chausida,
   E l'autres, laida e marrida,
Villana e davol respos ;
Chacuns es gardaire d'amdos :
E pos tant fols mestiers lor platz,
Ni aital es lor voluntatz,
Quals en deu esser meins blasmatz ?

Gaucelm Faidit, ben voill sapchatz
Que de domna ab bellas faissos
Don tot lo mons es enveios,
   Qui l'a pres de si aizida,
   Non fai ges tan gran faillida.
Si 'l la garda e n'es cobeitos,
Com l'autres desaventuros
Qu'es tant de totz mals aips cargatz
Qu'en gardar no 'l forsa beutatz
Ni res mas laidesa e cors fatz.

---

(1) Raynouard, t. III, p. 848.

Perdigons, en fol razonatz ;
E com ausetz anc dire vos
Q'om tenga so qu'es bel rescos,
    Ni qu'om gart damna eissernida,
    Bella, de valor complida ?
Doncs no lo garda sos sens bos ?
Mas la laida ab ditz enoios
Deu gardar lo maritz senatz
Per qu'om no veia sas foudatz
Ni com el ses mal moilleratz.

Gaucelm, entr' els nescis agratz
Gent cubert blasme vergoignos ;
Pero mal conseillatz l'espos,
    Quan disetz qu'aia tal vida
    Que gart sa mala escarida,
Ni fassa dun malastre dos ;
Miels a de gardar ochaizos
Bella domna on es grans beutats,
Dom par q'om sia enamoratz,
E deu n'esser meins encolpatz.

Perdigons, on plus en parlatz
Plus desmentetz vostras chansos,
Que gelosia es fols ressos,
    Don totz lo mons brai 'e crida
    Q'om gart domna issernida,
Et es laitz blasmes entre vos ;
Mas l'autre gardars es razos,
Ses gelosia e ses peccatz,
Q'om resconda so qu'es malvatz,
E monstre so dont es honratz.

Gaucelm, s'avol aver gardatz,
D'avol thezaur etz poderos ;
E no m pars ges sens cabalos,
    Qui pretz pera ni joi oblida
    Per malvaisa causa aunida ;

Mas qui per bel aver joios
Faill ni 'l trembla sens a sazos,
D'amor par qu'en sia forsatz ;
E si d'aisso us meraveillatz,
Be m meravil si vos amatz.

Totz temps duraria ill tensos,
Perdigons, per qu'ieu voill e m platz
Qu'el Dalfin sia 'l plaitz pauzats,
Qu'el jutje e la cort en patz.

Gaucelm, tant es vera ill razos
Qu'ieu defen, et eltan senatz,
Que, s'en lui es lo plaitz pauzatz,
Voill que per lui sia jutjatz.

V

Verges, en bon' hora
Portes lo salvaire,
Que el vos honora
E us fai joya faire,
E'l pobol que fora
Linratz a maltraire
Vos pregues ahora,
Sancta, plazen maire,
Quar d'ira e d'esmay
E de tot esglay
Guardatz lo pus laire
Que vas vos s' atray.

____

(1) Raynouard, t. IV, p. 14.

Domna, doussa e bona,
Humil, de bon aire,
Ajuda e perñona
Ad aquest peccaire ;
Guarda ma persona
D'anta e de mal faire,
E m'arma razona
Ab lo tieu car paire;
Qu'els peccats qu'ieu ay
Fatz, ni ditz, ni say
No m puescan mal faire,
Quan del segl' irai.

De gracia plena,
Avetz nom Maria,
Quar getatz de pena
Cui merce vos cria ;
Liam ni cadena
No 'l te ni 'l tenria,
Pus qu'ab quarantena
Gen vos humilia :
Penedensa fai
Hom just e veray,
E per aital via
Va senes esmay.

Regina d'auteza
E de senhoria,
La vostra franqueza
A 'l mon en bailia ;
De tota boneza
Etz roz' espandia,
Quar en vos s'esmeza
Gracia floria ;
Sel frug fon veray
Qu'intret ab lo ray
En vos, dona pia,
Quan l'angel venc sai.

Verges, en efansa
Nasquet lo dous Sire
De vos, ses duptansa,
De qu'ieu sui servire,
La sua pitansa
Mi fassa jauzire
Ab gran alegransa
Dels bes qu'ieu dezire,
Quar gran dezir ai
Qu'ieu tos el renc lai
Senes tot cossire,
On sanh Peir' estay (1)

VI

Entr' amor e pensamen,
E bos cug e greu cousir,
E fin joi e lonc dezir
Mi menet levan cazen.
E per loc sospir e plor,
   De paor
    Qu'el comiatz
    Que m fo donatz,
    Gent autrejatz,
S'oblit quar no soi tornatz.

Lo bos cug en qu'ieu enten
M'adui molt coral sospir,
Tan tem él cujar fallir
Qu'ai d'un ric emprendemen.
E s'ieu trop estau aillor,

---

(1) Raynouard, t. IV, p. 420.

Lei qu'aor
Prec, si 'l platz,
Que no s deslatz
Lo plaitz fermatz
Que m fo per leis acordatz.

Quar parra d'afortimen,
Qui m ve laissar e gurpir
Lei, q'usquexs volgr' obezir,
Si m rete per cauzimen.
Quar li valen valedor
An sabor
Qu'als laissatz
Dezeretatz,
Don par peccatz,
Fasson captenh acabatz.

Qui m laissa ses faillimen
No m cug per aitan delir ;
Qu'enquer soi on posc guerir,
Si dieus e'l Bautz mi cossen.
Que lai trob fina valor
Ses error ;
Que l'ouratz
Pretz comeratz,
Sobremontatz,
Ampara desamparatz.

Fis Jois dreiturans defen,
Que qui que vejatz faillir,
Que uos non prenguetz albir.
Mas prets e valor e sen
Vos det dieus, queus fes meillor
E gensor
Dels regnatz :
Per so gardatz
Que l'enganatz
Viu sal e l'autr' encolpatz.

Del rei d'Aragon m'es gen,
Quar tan li platz enantir
Tot quaa bos pretz deu grazir';
E'l rei'n Anfos eissamen,
Qu'ab rics faitz d'emperador
    Creis honor.

    Don sapchatz
    Quer acordatz
    Sos volgr' en patz
Vezer contra 'ls renegatz.

Fillol, si faitz vostra tor,
    Ben gardatz
    Si ben l'obratz,
    Que compliscatz
L'obr'e no la desfasatz.

Ves n Arias mon senhor
    Vai e cor
    Cant mesclatz ;
    E di l si l platz
    Qu'entre 'ls regnatz
Par son fis pretz esmeratz. (1)

---

[1] Rochegude. — Le Parnasse Occitanien, p. 114, — Toulouse, 1819.

Fragments

Be m dizon, s'en mas chansos
Fezes sonetz plazens e gais,
Que mos chans en valgra mais ;
Et en, segon mas razos,
Taing que fassa motz e sos
Qu'il auzon ben c'anc si me plaing
En chantan del mal d'amor,
E s'ieu chan de ma dolor,
 Non lor deu esser estraing,
Si no m fas sos coindes e galaubiers,
C'ab marimen no s'acorda alegriers.....
  E ja malvaz ni janglos
  No m tolran tant ric gazaing
  Si puosc conquerre valor
  Ab sola lieis cui ador,
Plassa mos bes, puois sieus sui dourengiers ;
A mon dan met gelos e lauzengiers.

Be me dizon.

Anc no cujei que m pogues far amors
Tan de plaser qu'eu fos al sen coman ;
Mas ara vei q'en no m posc tan ni qnan
Partir de lieis, tant es grand sa valors,
Qu'il m'a conques e m ten en sa bailia,
Si que, mon grat, partir no m'en volria,
Qu'en tal dompna m'a fait amors chausir
Que val mil tan q'eu non sabria dir.

Anc no cujei.

Pero tant m'an dat de lezer
Sens e fin' amors, cui mi ren,
C'ab mi dons mi fan remaner
Amic e leial e sofren ;
Et a tot so c'a lei dei abellir
E s'ieu volgues lauzengier consentir,
C'ab plaitz d'amor son tos temps enueios,
Leu pogr' esser d'amor e de joi blos.

Ci'l cui plazon.

Lais qu'anc no m feron be,
Et ab tot joy m'azir e m dezacort,
Aissi cum naus cuy vens men' a mal port
M'a mal' amors menat no sai perque ;
Quar s'ieu portes a dieu tan lial fe,
Elh m'agra fag plus aut d'emperador ;
E qui ama mala dompna ni cre
Luenh es de joy e pres es de folhar. (1)

Ira E. Pezars.

Traduction d'une pièce non citée

« Je suis maintenant loyal ami, mais il y a peu de temps encore, car jusque là les biens d'amour ne me plaisaient guère. Mais je viens de conquérir une dame qui me fera joyeusement chanter d'elle. Toutefois je veux aimer avec prudence, et que ma dame ne se figure pas que je l'aimerai longuement, si je m'aperçois qu'elle veut me faire mourir. Je suir résolu, si elle me maltraite, de m'adresser à un autre.

« J'ai tant appris d'amour et de son gouvernement, ma belle dame, qu'avant de vous abandonner complètement mon cœur,

---

(1) Raynouard, t. V, p. 278.

je verrai d'abord si je dois trouver merci près de vous. Mon cœur est encore assez à moi pour que je puisse vous l'ôter...

« Je vous ai prié de ne pas me faire souffrir, et je vous ai déclaré quel est mon désir. Ne croyez pas que j'aille vous aimer deux ou trois ans pour rien. Je veux trouver tout de suite mon profit avec vous, dame, que j'aime tendrement, et je vous prie de n'aller pas chaque jour me dire : non. C'est un mot que je hais, et quiconque me le dit trop souvent est sûr d'être quitté par moi.

« Je ne dis pas que vous êtes la plus belle qui soit au monde, et ne vous en fâchez pas, ma bonne dame. Je ne suis ni un duc, ni un comte, ni un marquis. et il me semble qu'il ne me conviendrait pas d'aimer la fleur des dames. Mais vous avez bien assez de beauté, de jeunesse et de mérite, pour que je m'en contente, et je m'en tiendrai à vous, si vous me faites du bien. » (1)

Je fais grâce au lecteur du dernier couplet où le troubadour désenchanté s'explique sur le même ton et avec la même platitude de franchise, sur un dernier point plus délicat que les autres.

Les sept vers suivants semblent faire allusion à quelque histoire romanesque de Saint-Nicolas de Barri, le patron des nautonniers.

« Nicolas de Barri, s'il eut vécu longtemps, serait devenu un savant homme. Il était resté longtemps sur mer, entre les poissons, et savait qu'il y mourrait une fois ou l'autre. Il ne voulait pas cependant revenir de ce côté, et s'il revint, il retourna bien vite mourir là-bas sur la mer, sur la grande mer dont il ne put plus sortir. »

Fauriel, t. II, p. 385.

---

(1) Fauriel. — Hist. de la Poésie provençale. — Paris, 1846, t. II, p. 108.

Clara d'Anduse

(XIII° SIÈCLE)

Azalaïs d'Anduse - Guillaume d'Anduse

Clara d'Anduse qu'une seule pièce de vers a suffi pour rendre célèbre, n'est d'ailleurs connue par aucune particularité historique, si ce n'est la passion qui lui inspira une chanson, donnée ci-après, et la tradition qui veut que Hugues de Saint-Cyr en fut l'objet. Mais par les rapports des noms et des dates, on peut reconnaître qu'elle appartenait à la noble maison des Seigneurs d'Anduse, de Sauve et d'Alais ; qu'elle était fille de Pierre Bermond d'Anduse (1) (dit Pierre VI) et de Constance, fille de Raymond VI, comte de Toulouse. En effet, D. Vaissette (2) qui a établi la filiation des Seigneurs d'Anduse, montre que Pierre VI eut de Constance de Toulouse trois fils devenus les chefs de différentes branches de cette maison et trois filles dont la seconde nommée Béatrix fut mariée à Arnaud de Roquefeuil ; la troisième nommée Sybille à Barral des Baux ; et l'ainée, dont il n'a pas découvert le nom, à Hugues de Mirabel. Il paraît que c'est cette dame, ainée des trois petites filles de Raymond VI qui se

---

(1) Balaguer. — Les Troubadours.
(2) D. Vaissette. Hist. du Languedoc. t. III, p. 233,308,334, etc.

nommait Clara ; car dans aucune des branches de
Sauve et d'Anduse, on ne voit à aucune époque voi-
sine de Raymond VI ou de Raymond VII, une autre
dame nommée Clara qu'on puisse prendre pour l'amie
de Hugues de Saint-Cyr. Cette maison avait déjà pos-
sédé une dame célèbre dans l'histoire des troubadours;
c'est *Alips ou Azalaïs d'Anduze* (1) fille de Bernard
VII, sœur de Pierre VI et par conséquent tante de
Clara.

Cette dame mariée à Ozil, Baron de Mercœur, ins-
pira une passion très vive à Pons de Chapteuil, riche
seigneur et troubadour de beaucoup de talent (que
Nostradamus (2) appelle faussement Pons du Breuil).
Les amours de Pons et d'Azalaïs eurent un grand
éclat sans qu'Ozil de Mercœur parut s'en inquiéter.
Cette apparente indifférence est, aux yeux de Millot (3)
,une grande preuve de l'innocence de ces célèbres
amours ; mais les mœurs de ces temps de galanterie
nous ont accoutumés à tant d'exemples d'insouciance
de la part des maris, comme à tant de vengeances atro-
ces, que nous ne sommes pas plus obligés de croire à
la chasteté qu'aux égarements des dames chantées par
les troubadours. Quoiqu'il en soit de Pons et d'Aza-
lais, cette dame étant morte très jeune, son amant,

---

(1) Hist. Litt. t. XIII, p. 422.
t. XV, p. 22.
Raynouard III, p. 39.
(2) Nostrad. p. 82.
(3) Millot, t. 1, p. 43.
(4) Mémoires de la Société Scientifique d'Alais, Ann. 1896,
t. XXVII, p. 88-103.

profondément affligé, partit pour la terre sainte et y mourut (1).

Il n'en fut pas de même des amours de Clara, si ce n'est de la part de son mari, de qui il n'est nullement question dans toute cette intrigue. Hugues de St-Cyr, homme de cour, séduisant et ambitieux, inspira à Clara une passion ardente qu'elle ne put contenir ni dissimuler. Soit par une disposition naturelle, soit par artifice, Hugues témoigna de la jalousie et se permit un nouvel engagement. La douleur de Clara fut vive. Des amis (tant cette liaison était peu secrète) opérèrent un raccomodement. C'est au moment de ce retour de Hugues, qu'encore dans l'inquiétude et disposée à s'abandonner tout entière à son amant, elle protestait de sa fidélité, et laissait éclater des sentiments que dans d'autres temps, elle eut peut-être renfermés plus soigneusement au fond de son cœur. Voici ses propres paroles : c'est la seule pièce qui reste de cette dame (2).

> En greu esmay et en greu pessamen
> An mes mon cor, et en granda error,
> Li lauzengier e'lh fals devinador,
> Abayssador de joy et de joven,
> Quar vos, qu'ieu am mais que res qu'el mon sia,
> An fait de me departir et lonhar,
> Si qu'ieu no ns puesc vezer ni remirar,
> Don muer de dol, d'ira e de feunia.   (3)

---

(1) Il aima Mad. Azalaïs de Mercœur, dit un vieux biographe provençal ; tant qu'elle vécut, il n'en aima jamais d'autres, et quand elle fut morte, il se croisa, passa outre-mer, et y mourut.

(2) Hist. Litt., t. XIX, 1838, p. 477.

Codex Laurentianus. 42, Pl. 41.

(3) Dans une pénible agitation, dans un souci cruel, dans un douloureux égare-

Selh que m blasma vostr'amor, ni m defén
Non podon far en re mon car mellor,
Ni'l dous dezir qu'ieu ai de vos maior,
Ni l'enveya ni'l dezir ni'l talen :
E non es hom, tan mos ennemicx sia,
S'il n'aug dir ben, que no'l tenha en car ;
E, si'n ditz mal, mais no m pot dir ni far
Neguna re que a plazer me sia.   (1)

Ja no us donetz, belhs amics, espaven
Que ja ves vos aia cor trichador,
Ni qu'ie us camge per nul autr'amador,
Si m pregavon d'autras donas un cen ;
Qu'amors, que m te per vos en sa bailia,
Vol que mon cor vos estuy e vos gar,
E farai o ; e, s'ieu pogues emblar
Mon cors, tals l'a que jamais non l'auria.   (2)

Amicx, tan ai d'ira e de feunia
Quar no vos vey, que quant ieu cug chantar
Planh e sospir, per qu'ieu no puesc so far
A mas coblas qu'el cor complir volria   (3)

---

rement, ils ont jeté mon cœur, les inventeurs de faux rapports, les menteurs, les ennemis des amusements et des plaisirs, qui t'ont fait t'éloigner de moi, toi que j'aime plus que rien au monde, toi que je ne puis plus voir, plus contempler ; ce qui me fait mourir de colère et de rage.   Hist. Litt. XIX p. 480.

1 Ceux qui me blâment et me défendent de vous aimer ne sauraient rendre mon meilleur pour vous ni plus grand le doux désir que j'ai de vous. Il n'y a point d'homme, tant soit-il mon ennemi, que je n'aime si je l'entends parler bien de vous ; et celui qui en dit du mal ne peut plus ni dire ni faire autre chose qui me plaise.

Fauriel, Hist. de la Poésie prov. Paris, 1846 t. II, p. 95. — Raynouard II, p. 31.

(2) Ne te donne pas de crainte, bel ami, que je te trompe, ou que je t'abandonne pour un autre amant ; quand cent femmes me pousseraient à cette infidélité, l'amour qui me tient en sa puissance me commande de te garder mon cœur ; je le ferai. Oh ! si je pouvais dérober ma personne, tel la possède qui n'en jouirait jamais.   Hist. Litt. XIX p. 480.   Fauriel II p. 75.

(3) Ami, telle est ma colère et ma rage de ne plus vous voir, que quand je crois chanter, je pleure et je soupire, car je ne puis faire, par mes chants, ce que mon cœur voudrait accomplir. —   Chabaneau et Thomas, Mém. Soc. Alais. An 1896, t. XXVI p. 280. — Raynouard III, p. 335.   — Millot II .477 — P. Oc. 352. — D. Victor Balaguer II. p. 102.

Guillaume d'Anduse, autre troubadour de cette famille était loin de sa parente pour le talent qui peignait l'amour avec une bien autre chaleur. Il tournait assez bien les vers, Une seule pièce en reste (1).

Azalaïs d'Altier

Le nom de cette troubadouresse est inséparable de celui de Clara : elle intervint à plusieurs reprises dans les querelles de cette dernière avec Hugues de Saint-Cyr et fut assez heureuse chaque fois pour faire oublier aux deux amants leurs torts réciproques. Azalaïs portait-elle le nom de son village, Altier près Villefort (2), ou appartenait-elle à la famille de ce nom — une des plus illustres du Gévaudan — famille éteinte en 1375 dans la maison de Borne (3) : les documents ne permettent pas de fixer la question.

La pièce que l'on possède de cette poétesse, est une lettre, sorte de « salut » (4) adressé à Clara pour l'engager à rentrer dans les bonnes grâces de son amant et ne plus le quitter (5).

Voici le texte tel qu'il a été publié par Crescini.

(1) Hist. Litt. t. XIX, 1838, p. 605.

Raynouard, t. V, p. 178.

(2) V. Crescini.

(3) *La Roque*. Armorial du Languedoc.

(4) Octosyllabes en rimes accouplées.

(5) Chansonnier provençal de la Marcienne (Bibl. de Venise. F. 149).

Tanz salutz et tantas amors,
Et tanz bens et tantas honors,
E tantas finas amistaz,
E tauz gauz, com vos volriaz,

Et tant ris et tant d'alegrier
Vos tramet n' Azalaïs d'Altier :
A vos, donna, cui ilh volria
Mais vezer, qe ren qu'el mon sia
Qe tant n'ai auzit de ben dire

A ceilh qeus es hom et servire
Que per lo ben, qu'el me n'a dich
Ai tant inz e mon cor escrich
Votre senblant, qe, sius vezia
Entre milh, vos conoisseria.

Et dic vos ben aitan en ver
Qez anc donna, seuls vezer,
Non amei tan d'amor coral ;
Et dic vos ben, si deus mi sal,
Quez el mon non es nulla res,

Q'eu penses qez a voz plagues,
Qez en non fezes volontiera,
Senes mant e senes preguiera.
Etz ai, donna, trop gran desire
Quez eu vos vis, eus pogues dire

Tot mon cor et tot mon voler,
Et pogues lo vestre saber.
Aras, donna, es enaissi,
L'autre jorn s'en venc zai a mi
Lo vostr'amica tristz et marriz,

Com hom enchausatz e faiditz,
Et dis mi q'en ditz ez en faitz
Es vas vos mespres e forfaitz,
Segon, donna, qe vos dizes,
Q'eu non cuidera q'el disses,

Ni q'elh a nuilh jorn de sa vida
Fezes vas vos . . . .
. . . . anz q'ël vos obezis
Mais qe nuilla ren q'elh anc vis.
Pero, donna, si vos cuidatz

Q'eu n'aj'esmai, ben es vertatz ;
Qe vos aves ben tan de sen,
De valor et d'ensengnamen,
Qe si lo tortz granz non i fos,
Ja noilh trobaras occaisos,

Per quel feses de vos partir,
Ni aissi desirant languir ;
Ni non podes jes per raizon
Azirar lui per l'ucaison,
Q'eu sai, ez elh e vos sabes.

Pero s'auzire lo voles,
Vostra el la perda el danz,
Et pois per totz los finz amanz
Deures en eser meinz prezada
Per totz temps, ez uchaisonada.

Ez aquilh qe non o sabran
Cuidaran si qe per talan
D'autrui amar, vos l'azires,
Et de vos amar lo lunges ;
Ez intrares in folla bruda,

Si est per canzaritz tenguda,
Q'enqer fai de si mal retraire
Brizeida, qeilh fo cangiaire
Sos cors, qar laiset Troïlus
Per amar lo fil Tideus.

Autressius er en mal retrach
Sius partes de lui seus forfach ;
Qeus voleus desira eus ama.
Tant q'en moren n'art e n'aflama. —
E s'atra donna l'agues mort,

Eu cuidare qe molt gran tort
Vos agues fait, si m'aint dieus,
Qar ell es miells vostre qe sieus.
E s'el, donna, per sobramar
Sos fez de ren vostre pesar,

Amors o fez, e non gens ellı ;
Per qez eu conosc ben qe celh
Non deu perdre nostre paria,
Vi l'amor qe de vos avia ;
Ni nulla donna non es bonna

Pois q'estra ni tol zo que dona.
Aras qon q'el sia estat,
E per la vostra volontat,
O per lo tort qeus a agut,
Vel vos aissi mort et vencut,

Qez el non dorm, ni non repauza,
Ni el mond non es nulla causa,
Qe jal puesca donar conort,
Si donc ab vos non troba acort :
Per q'eu vos prec per gran merze,
Qe vos, tot per amar de me,
Li perdones el finiscatz
Los tortz, don vos l'ucazonatz ;
Ez eu faz vos per lui fianza,
Qe ja en diz ni en senblanza,

Non faza nul temps, ni non diga
Ren per qel sias enemiga :
Et nol sias omais avara,
Anz li sias fina et clara,
Qel noms nil semblanz nous desmenta :

E prec amor qens o consenta,
Bona donna.   (1)

<hr>

1 Mém. Soc. Alais. t. XXVII. p. 271.

Traduction

Adelaïde d'Altier vous envoie autant de saluts et autant d'amours, autant de biens et autant d'honneurs, autant d'amitiés parfaites et autant de joies que vous pouvez en souhaiter, autant de ris et autant d'allégresses, à vous Dame, à vous qu'elle voudrait voir plutôt que tout au monde.

Car j'ai entendu dire tant de bien de vous par celui qui est votre sujet et votre serviteur, que, grâce à l'éloge qu'il m'a fait de vous, j'ai votre portrait si bien gravé dans mon cœur, que si je vous voyais je vous reconnaîtrais entre mille et je vous déclare bien sincèrement que jamais je n'éprouverai pour une dame, sans l'avoir vue, une affection aussi cordiale ; je vous assure sur mon salut éternel qu'il n'est nulle chose au monde, si je pensais qu'elle vous fut agréable, que je ne fisse volontiers pour vous, sans qu'il fut nécessaire de me l'ordonner ou de m'en prier.

Dame, j'éprouve un bien vif désir de vous voir pour pouvoir vous dire tout ce que j'ai dans le cœur et tout ce que je veux et pour savoir vos sentiments.

Oui, Dame, c'est la vérité ! L'autre jour j'ai reçu ici la visite de votre ami, triste et navré, semblable à un persécuté et à un banni. Il m'a dit qu'en paroles et en faits il était coupable et criminel envers vous, selon ce que vous dites vous même, Dame, car pour ma part je n'aurais jamais cru qu'il eût pu jamais dire ou faire rien de coupable envers vous ; mais j'aurais cru plutôt qu'il vous obéissait plus qu'à nulle autre personne au monde. Dame, si vous pensez que j'en ai été mise en émoi, c'est la vérité, car vous avez bien trop de sens, de mérite, de connaissance, pour juger à propos de l'éloigner de vous et de le laisser ainsi languir de désir, s'il n'avait pas un grand tort envers vous ; vous ne pouvez pas le haïr raisonnablement pour le motif que je sais et que vous et lui savez aussi. Si vous voulez qu'il périsse, la perte et le dommage seront pour vous, puis vous y gagnerez d'être à l'avenir moins estimée de tous les amants fidèles et d'être blâmée.

Ceux qui ne sauront pas ce qui s'est passé croiront que vous l'avez haï et détourné de vous aimer parceque vous désirez vous attacher à un autre ; vous aurez la réputation d'une folle et vous passerez pour une inconstante, car on parle encore sévèrement de Brizeïda, dont le cœur fut inconstant et qui abandonna Troïlus pour aimer le fils de Tydée ; de même, on parlera mal de vous si vous vous séparez de lui (Hugues de St-Cyr) sans qu'il soit coupable, car il vous veut, il vous désire et vous aime tant qu'il en meurt, qu'il en brûle, qu'il s'en consume. Si une autre dame l'avait fait mourir, je crois qu'elle vous aurait causé un bien grand préjudice, aussi vrai que Dieu m'assiste, car il vous appartient plus qu'il ne s'appartient à lui-même ; et si Dame, par excès d'amour, il vous a causé du chagrin, c'est l'amour et non pas lui qui l'a fait. Aussi je comprends bien qu'il ne doit pas perdre votre compagnie, ni l'amour qu'il avait pour vous ; une dame n'est pas bonne quand elle retire et enlève ce qu'elle a donné.

Maintenant, quoiqu'il se soit passé, que ce soit l'effet de votre volonté, ou de son tort envers vous, le voilà mort et vaincu, à tel point qu'il ne goûte ni sommeil, ni repos, et que rien au monde ne peut le consoler désormais, s'il ne fait sa paix avec vous.

Aussi, je vous le demande comme une faveur grande, par affection pour moi, pardonnez lui, et qu'il ne soit plus question des torts dont vous l'accusez ; je vous réponds pour lui que jamais dans ses paroles ou dans ses manières il ne fera rien, ni dira rien qui soit de nature à provoquer votre inimitié.

Ne soyez plus cruelle pour lui, mais soyez lui fidèle et claire, que votre nom et votre aspect ne soient pas trompeurs. Je prie Amour de vous faire cette faveur, bonne Dame. (1).

Jules BARBOT

10 Août 1899.

---

(1) Andraud et Chabanau.
   Mém. Soc. Alais An. 1896. t. XXVII p. 274.